AMOUR, FAMILLE, AMIS, TRAVAIL, SOCIÉTÉ...
PERCEZ LES MYSTÈRES DE VOTRE SIGNE

CANCER

♋

LA PUISSANCE DES SIGNES ASTROLOGIQUES

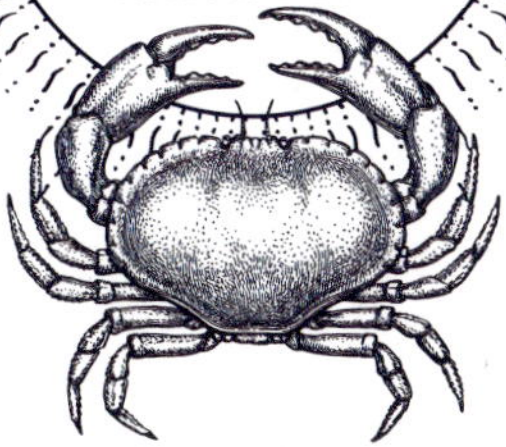

NOUVELLES ÉNERGIES

Généreux
Protecteur
Secret
Attaché
à son foyer
Sensible
Subtil
Fragile
Imaginatif
Original
Rêveur
Provocateur

Renfermé
Dépourvu
de sens pratique
Dévoué
Irritable
Possessif
Fiable
Curieux
Attentionné
Égocentrique
Évasif

Cancer

Gouverné par
la Lune, ce signe cardinal
d'eau est extrêmement sensible
aux sentiments d'autrui et ressent
profondément la déception. En raison de
l'influence de la Lune, le Cancer est un individu
émotif qui a souvent besoin de se cacher du
monde. Cependant, à l'instar du crabe, symbole
du signe, il peut devenir très agressif quand
il est dérangé et persuasif pour arriver à
ses fins, notamment quand il s'agit de son
espace vital, de sa nourriture
et de ceux qui lui sont
chers.

22 JUIN • 22 JUILLET

I

Au travail

COLLÈGUE, PATRON(NE), EMPLOYÉ(E), CLIENT(E), ASSOCIÉ(E), CONCURRENT(E)

Le patron Cancer

Ce serait une erreur de nier ou de sous-estimer les **qualités dominatrices** du patron Cancer. Extrêmement précis quant à la façon de faire les choses, il peut être très exigeant, mais de façon discrète. Il attend de ses employés qu'ils comprennent ses souhaits et les anticipent. Ce ne sont pas les règles et les ordres qui importent à ce patron, mais plutôt le fait que tout le monde soit sur la même longueur d'onde. Il n'aime pas les problèmes et veut que tout se déroule **en douceur** ; il souhaite exercer une domination incontestée, mais n'est pas fasciné par le pouvoir en soi.

+
DISCRET
DÉCONTRACTÉ
ÉLÉGANT
POINTS FORTS

—
MÉTICULEUX
TROP EXIGEANT
EN ATTENTE
POINTS FAIBLES

PERSUASIF
EMPATHIQUE
SENSIBLE
RELATIONNEL

Son mode de management

C'est dans le domaine de la **prise de décision** que le côté dominateur du patron Cancer apparaît ! Ce décisionnaire dans l'âme ne permet pas la contestation de son autorité. Cependant, avant une décision ultime, il prend le temps et la peine de consulter ses employés et, souvent, consacre une réunion entière à une discussion sérieuse sur la question à régler. À cet égard, il considère ce qu'il décide comme un résumé du sentiment du groupe et un **consensus**. Il est très méfiant à l'idée de prendre des décisions impopulaires qui mettraient en danger sa suprématie dans l'avenir...

Lui annoncer une mauvaise nouvelle

Le patron Cancer a tendance à être d'humeur changeante et il est vital de ne pas le surprendre quand il s'est levé du pied gauche ou encore s'il est trop jovial… **Surveillez son emploi du temps** et gardez le contact avec son assistant personnel. Choisissez le moment où il est **le plus détendu** et dans un état émotionnellement neutre. Prenez le temps de faire précéder votre propos d'un exposé sur l'historique du sujet. Encouragez-le à poser des questions, concernant surtout les solutions à apporter pour limiter les dégâts dans l'immédiat et transformer un désavantage apparent en avantage !

Comment défendre un projet

Gardez à l'esprit la susceptibilité et l'irritabilité potentielle du patron Cancer et prenez soin de ne pas le prendre à **rebrousse-poil** ! La façon dont vous présentez votre proposition ou votre projet est aussi importante, voire davantage, que le contenu ou le point de vue que vous souhaitez transmettre. Si vous sentez que vous êtes mal parti, repliez-vous sur une **solution de rechange** et/ou tenez-vous prêt à improviser une modification pour limiter l'énervement ambiant. Quand vous constatez qu'il réagit bien, délivrez bravement votre message...

Comment le pousser à agir ?

Par moments, le patron Cancer est lent et peu réactif ! Essayez de le motiver sans chercher à l'impressionner outre mesure. Appliquez-vous plutôt à le persuader qu'il y a **un danger** à reporter trop longtemps la mise en œuvre d'une stratégie que tout le monde a déjà acceptée. Si l'accord n'est pas encore complet, poussez-le à **programmer une réunion** dans un délai d'une semaine. Une fois qu'il sera impliqué, il finira par réaliser l'importance de vos plans et avancera avec détermination !

Obtenir une augmentation

Aborder le sujet de l'augmentation avec le patron Cancer est une tâche ardue ! Il a généralement une **opinion bien arrêtée** sur le fait que vous la méritiez ou non, même si par le passé il a peu communiqué sur son sentiment à ce sujet... Le plus souvent, votre démarche aura été anticipée et vous aurez l'impression qu'il attendait que vous mettiez le sujet sur le tapis. Si vous choisissez le bon moment, notamment la **période où votre étoile monte** dans le département, il peut vous accorder votre augmentation avec une facilité étonnante...

L'employé Cancer

L'employé Cancer est particulièrement performant dans les **emplois de bureau** où il a le temps de faire son travail convenablement. Si on ne l'interrompt pas, il remplira avec régularité et sérieux toutes sortes de tâches administratives. Il semble **dévoué à son travail** et sa loyauté à la société est incontestable. En fait, il a son idée personnelle sur tout ce qui se passe autour de lui, mais il observe et écoute patiemment, gardant ses réflexions pour lui. Si on lui demande son avis, il l'exprimera, mais seulement après y avoir été encouragé avec insistance. Ses observations méritent généralement d'être prises en compte.

+
DÉVOUÉ
OBSERVATEUR
CONCENTRÉ
POINTS FORTS

−
CONFUS
SILENCIEUX
AMBIGU
POINTS FAIBLES

SECRET
PEU CONCERNÉ
SOLITAIRE
RELATIONNEL

Comment le recruter

Le Cancer **vante rarement ses mérites** lors d'un entretien d'embauche. Il considère que son CV est éloquent et qu'il n'a pas besoin d'en rajouter pour vous impressionner ! Il attendra que vous lui posiez des **questions précises** plutôt que de fournir des informations spontanément ou d'essayer d'orienter l'entretien. Il peut ainsi donner l'impression d'être nébuleux, difficile à cerner et pas tout à fait présent ; en réalité, il saisit parfaitement tout ce qui se passe. Mais il ne vous laissera pas pénétrer facilement dans son univers...

Comment le gérer

Le Cancer est un authentique signe d'eau, difficile à pousser ! Comment l'approcher et où exactement exercer une pression sans qu'il oppose trop de résistance ? Notez bien qu'il serait pire encore qu'il n'en manifeste **aucune** ! Ne prenez pas une absence d'objection pour un acquiescement ! Dans la plupart des cas, l'employé Cancer doit **se motiver lui-même** pour faire son travail. Une fois qu'il est convaincu qu'un programme d'action est approprié, il est parfaitement capable de le mener jusqu'au bout... Donner des directives ou critiquer les résultats de l'employé Cancer nécessite beaucoup de précautions car sa sensibilité est facilement heurtée ! Veillez à **parler sur un ton calme**, en évitant

Quelles tâches lui confier ?

Toujours **consciencieux**, l'employé Cancer remplira de son mieux les tâches qui lui sont assignées. Il est très lucide sur lui-même, ses capacités et ses centres d'intérêt : si jamais il exprime un doute concernant sa compétence pour une tâche, **mieux vaut l'écouter** que de balayer ses objections ou d'essayer de le convaincre du contraire. Même si vous arriviez à lui faire accepter une tâche à contrecœur, ses réserves initiales se révéleraient justifiées à long terme.

de hausser la voix. Si vous arrivez à transmettre votre message et votre intention sans le froisser, ce sera déjà un bon départ ! S'il est de mauvaise humeur, battez en retraite et revenez à la charge ultérieurement...

Lui annoncer une mauvaise nouvelle

Extrêmement sensible aux mauvaises nouvelles, il les prendra sans doute **très à cœur**. Enclin à se sentir coupable, il risque de supposer immédiatement que si les choses vont dans le mauvais sens, c'est au moins partiellement de sa faute... Ses antennes émotionnelles sont tellement sensibles qu'il devinera tout de suite que vous vous préparez à lui annoncer une mauvaise nouvelle ou à le licencier ; **ne gaspillez pas votre salive** en préambules interminables ou autres précautions oratoires. Dans le cas de l'annonce d'un licenciement, il lui arrive au début de montrer une certaine compréhension pour le point de vue de la société, mais, le plus souvent, il nourrira un ressentiment profond et durable.

Le collègue Cancer

Approchez le Cancer sur la pointe des pieds ! Enclin à vivre dans son monde personnel, il est souvent **plongé dans son imaginaire**, quand il n'est pas totalement absorbé par son travail. Une fois que vous aurez atteint un stade d'apparente camaraderie ou au moins d'attention polie, vous pourrez aborder vos questions, observations ou demandes. Prendre le Cancer par surprise le déstabilisera et l'incitera à rentrer dans sa coquille. Quand il est engagé dans un projet au travail, de nature professionnelle ou non, on peut compter sur lui pour **irradier un bon esprit** tout autour de lui.

+

IMAGINATIF
COMPRÉHENSIF
MODESTE

POINTS FORTS

—

DISTANT
RENFERMÉ
FRAGILE

POINTS FAIBLES

DISCRET
CALME ET POSÉ
LUNATIQUE

RELATIONNEL

Lui demander de l'aide

En règle générale, le Cancer **ne donne pas son avis** si on ne le lui demande pas ! Même alors, il risque d'être réticent, voire timide, à l'idée d'exprimer une opinion qui pourrait influer sur votre comportement. Sa modestie s'étend à pratiquement tous les domaines de son travail ; il ne semble donc pas gouverné par des considérations d'ego. **Dépourvu de vanité ou de témérité**, il paraît souvent, au contraire, manquer de confiance en lui. En fait, il ne vous donnera l'avis sollicité que s'il croit vraiment pouvoir vous aider ! C'est le plus souvent dans les domaines où il se sent à l'aise et compétent. Bien qu'il ne se lève pas d'un bond quand on vient lui demander de l'aide, on peut compter sur le collègue Cancer pour contribuer par sa force physique à un projet, **s'il se sent utile**. Mieux vaut toutefois le solliciter un peu à l'avance, afin que votre requête fasse son chemin dans son esprit.

Soutien sérieux des causes auxquelles il croit, il fera un effort supplémentaire pour suivre la mise en œuvre et l'exécution de ces projets. Il n'est pas du genre à renoncer quand les choses deviennent difficiles !

Faire équipe avec lui

Personnalité secrète, le Cancer ne s'épanouit pas toujours dans les liens sociaux avec un groupe ! Mais dans un cadre professionnel, il fera sa part du travail, en apportant une **contribution discrète** et en se rendant utile paisiblement. Sa capacité à coopérer avec d'autres dépend de son état d'esprit : tout se passe bien s'il fait preuve de bonne volonté et d'une attitude positive envers le groupe. Quelle que soit la difficulté de la tâche, il ne se dérobe pas à ses responsabilités si ses besoins émotionnels sont satisfaits. Dans un contexte favorable, il peut même assumer un **rôle de leader** et inspirer une grande loyauté à ses partisans.

En cas de désaccord...

Le Cancer est **blessé et se renferme** quand il est l'objet d'une critique agressive ou acerbe. S'il est piqué au vif par des attaques verbales, il deviendra sûrement très récalcitrant à votre égard dans l'avenir et refusera souvent de se laisser convaincre, même

Qu'est-ce qui le fait s'impliquer ?

Pas facile de réclamer au Cancer plus que ses tâches habituelles ! Toutefois, lorsque l'on touche **sa corde sensible**, son comportement peut changer. La douleur ne lui est pas étrangère et il éprouve une grande compréhension des sentiments des autres, notamment de ceux qui ont **vraiment besoin de lui**. Par exemple, quand un collègue broie du noir ou traverse simplement une période difficile... On le voit fréquemment en compagnie du marginal ou de l'exclu du bureau, aux problèmes de qui il peut compatir.

si vos arguments sont sensés. Rappelez-vous que dans tout conflit entre la tête (logique, réflexion, raison) et le cœur (sentiments, sympathies, émotions), ce dernier a toujours la priorité chez le Cancer ! Même quand il fait lui-même appel à la logique et à la raison, on sent ce **parti pris émotionnel** dans sa démarche. En d'autres occasions, il peut être lui-même vivement critique et refuser de modérer ses exigences.

Le client Cancer

Difficile de plaire au client Cancer... non pas parce qu'il est autoritaire ou exigeant, mais parce qu'il est **tellement « spécial »** ! Certains jours, vous aurez l'impression que rien de ce que vous lui présentez ne lui convient, même si vous pouvez garantir les bénéfices et la croissance. Ne vous attendez pas à le convaincre par des chiffres ; essayez plutôt de **cerner son état émotionnel** et son humeur. Autrement dit, préparez-vous à vous écarter de votre présentation si nécessaire. Si vous retombez sur vos pieds et êtes réceptif à ses sentiments, vous augmenterez vos chances de réussite.

+
CONVIVIAL
RECONNAISSANT
IMAGINATIF
POINTS FORTS

–
LOUFOQUE
ILLOGIQUE
BIZARRE
POINTS FAIBLES

TATILLON
MÉTICULEUX
DIFFICILE
RELATIONNEL

Établir la communication

Le mieux pour communiquer avec lui est d'écouter attentivement ses propos et de comprendre ses réclamations ! C'est seulement quand vous serez **sur sa longueur d'onde** qu'une véritable communication sera possible. Il est moins impressionné par une attitude calme et logique qui fait appel à l'objectivité que par l'ouverture à la coopération et au **compromis**. On peut aussi lui présenter des projets qui font appel à ses facultés d'imagination, souvent par le biais d'effets visuels audacieux, colorés et expressifs.

Capter son attention

Le client Cancer aime vous entendre raconter vos frasques, personnelles comme professionnelles ! Il apprécie les distractions de tous ordres, **des plaisanteries au flirt** pur et simple. Si vous arrivez à le fasciner, vous aurez gagné la moitié de la bataille. Transporté par votre capacité de persuasion ou votre discours passionnant, il sera plus ouvert aux faits concrets que vous souhaitez aborder. Son bureau ou le vôtre sont des cadres tout à fait adaptés et une invitation à dîner ne s'impose pas. Laissez-le attendre avec impatience le plaisir de la réunion suivante...

Dress code et comportement

Le Cancer a un côté **fantaisiste et loufoque** qui le conduit souvent à s'habiller avec originalité. Pour créer un lien d'empathie, évitez les vêtements ternes ou trop classiques et arborez une coiffure originale, des chaussures surprenantes, ou une tenue aux couleurs vives ! Quand vous le verrez sourire, vous saurez que vous avez réussi. Vous avez tout intérêt à **prendre des risques** sur votre apparence plutôt que de jouer la sécurité. Soyez net et soigné, portez un parfum suave, mais très présent. Dans votre discours et vos mouvements, essayez de vous adapter à son rythme...

Lui vendre à tout prix...

Vous devez comprendre les émotions du Cancer et savoir comment il ressent les choses ! Cette compréhension, comme celle de l'évolution de la pensée de votre client dans diverses situations, est indispensable pour réussir votre vente. Le raisonnement du Cancer n'est pas toujours entièrement logique, mais quand on l'a bien étudié, il peut **devenir prévisible**. Si vous lui faites une proposition originale, marquée du sceau de l'audace, laissez une partie du développement de l'idée à **son imagination**. Une autre tactique consiste à semer une idée dans son esprit puis, au cours de la réunion suivante, à le laisser en réclamer la paternité, souvent sous la forme d'une nouvelle proposition fondée sur votre suggestion de départ.

Lui annoncer une mauvaise nouvelle

Rappelez-vous que la négation, la douleur et l'inconfort ne sont pas étrangers au Cancer. Il ne les réclame pas, mais vous n'avez pas à implorer sa grâce ou son pardon en transmettant des résultats négatifs. La complexité d'un problème l'intéressera, en accord avec les méandres subtils de sa propre personnalité... En lui demandant son aide pour résoudre un problème, quelle que soit son importance, vous **créerez un lien** qui vous aidera à traverser ensemble les mauvaises périodes. Ne proposez jamais une solution que vous traiteriez seul et ne vous déchargez pas complètement sur lui non plus. La **coopération** est essentielle !

Comment le distraire

Assez curieusement, le client Cancer peut être très heureux de **faire quelque chose pour vous** plutôt que l'inverse ! Même si vous l'invitez, laissez-lui des opportunités de contribution et laissez-le même prendre la direction des opérations de temps à autre. Constater qu'il vous a fait plaisir, plutôt que le contraire, lui procurera une grande satisfaction. Le mieux que vous puissiez espérer est de découvrir et de **partager ses goûts** au cours d'une soirée, pour aboutir à une atmosphère conviviale...

L'associé Cancer

Le Cancer fait un excellent associé si vous êtes sur la même longueur d'onde. **Enclin aux idées folles**, il est capable d'oublier tout esprit pratique quand quelque chose de vraiment créatif le séduit. Sa capacité à sortir des sentiers battus peut vous faire progresser de façon spectaculaire ou, au contraire, vous mener au désastre de façon tout aussi impressionnante ! À charge pour vous d'examiner soigneusement tout nouveau projet venant de lui. Excellent gardien du temple, l'associé Cancer excelle à la **gestion du travail interne** pendant que vous vous occupez de la vente et de la mise en place à l'extérieur.

+

PROTECTEUR
IMAGINATIF
ORIGINAL

POINTS FORTS

–

IRRÉALISTE
PEU PRATIQUE
FARFELU

POINTS FAIBLES

DÉVOUÉ
ATTENTIONNÉ
FIABLE

RELATIONNEL

S'associer avec lui

Créez l'association soigneusement **sur le plan légal**, en anticipant toutes les difficultés qui peuvent survenir. Le Cancer sera favorable à des dispositions contractuelles qui garantissent les droits des deux parties et une participation égale aux risques et aux bénéfices. Restez sur un **registre classique**, en modérant toute idée insolite ou farfelue proposée par le Cancer ! Vous devrez toutefois être sensible à ses préférences et à ses requêtes. Normalement, on peut compter sur lui pour respecter sa parole...

La répartition des tâches

Écoutez son avis sur la répartition des tâches, puis procédez à votre évaluation personnelle de ses forces et de ses faiblesses ! L'associé Cancer n'a pas toujours un jugement objectif sur ses capacités, même s'il a une idée assez précise de ce qu'il aime ou non. Ne lui attribuez pas un rôle important dans un domaine qui lui plaît, mais ne lui convient pas ! Vous vous épargnerez ainsi beaucoup de problèmes à long terme. Bien sûr, il ne s'agit pas de lui marcher sur les pieds ni de lui faire insulte... L'important est de **prendre le temps de lui expliquer**. Soyez patient et assurez-vous qu'il comprend parfaitement ce que vous lui dites et qu'il adhère complètement.

Maintenir de bonnes relations

L'associé Cancer est habituellement toujours là sur le long cours ! On peut compter sur sa contribution, année après année, même si elle est ennuyeuse et sans intérêt. Peu porté sur le changement, il excelle à remplir les mêmes tâches de façon **extrêmement fiable**. Quand l'irritation et les difficultés surviennent, adoptez une attitude apaisante, compatissante et compréhensive.

L'associé Cancer peut vous taper sur les nerfs par moments, et votre patience risque d'être mise à l'épreuve. En général, **le quitter quelque temps** pour un voyage d'affaires ou pour travailler sur un projet extérieur apaise les tensions...

Est-il gérable ?

Une fois que l'associé Cancer sait ce qu'il est censé faire, on peut le **laisser tranquille**, notamment dans un emploi basé au siège, s'il reste dans un environnement familial. Laissez-le aussi libre que possible d'organiser le siège de la société et d'en faire un vrai **refuge domestique**. Il défendra ses droits à cet égard ; essayez donc de ne pas vous mêler de ses méthodes, parfois peu orthodoxes – c'est le moins qu'on puisse dire ! N'intervenez et ne restructurez son organisation que si elle se révèle néfaste sur le plan financier. Dans ce cas, mieux vaut **corriger** que d'abandonner ses idées.

Mettre fin à votre collaboration

Pourvu que cela puisse se dérouler dans un bon esprit, ou du moins dans une atmosphère dénuée d'hostilité, tout ira bien ! Le problème est qu'en général, le Cancer prend tout de façon si personnelle qu'il se sentira probablement blessé, déconcerté, rejeté, et sera, pour finir, en colère ou déprimé… Pour éviter cela, **ne rompez pas brutalement**, mais prenez le temps de le préparer dès que vous aurez compris que la séparation est inévitable. Restez aussi objectif que possible, mais respectez son état émotionnel en vous montrant sensible et compatissant.

Le concurrent Cancer

Maître dans **l'art du subterfuge**, le concurrent Cancer est parfois difficile à saisir. Il garde beaucoup de choses pour lui et vous lance sur de fausses pistes pour camoufler ses intentions. « Sournois » est peut-être un mot un peu fort pour le décrire, mais il a peu de limites sur ce plan. Il est également doté d'un **pouvoir de séduction** et de persuasion qui peut fasciner ses adversaires et paralyser leur volonté de résistance, du moins provisoirement. Bien qu'il paraisse décontracté, voire passif, le concurrent Cancer est capable de riposter avec agressivité s'il est directement attaqué.

+
SÉDUCTEUR
CONVAINCANT
FASCINANT
POINTS FORTS

—
SOURNOIS
TROMPEUR
NÉGATIF
POINTS FAIBLES

PROVOCATEUR
DOMINATEUR
PARALYSANT
RELATIONNEL

Stratégie de combat

Faites-le parler plutôt que de tenter un affrontement immédiat ! Laissez-le **abattre son jeu** le plus largement possible, même s'il est truqué et truffé d'indices fallacieux. Vous aurez au moins ainsi une chance d'étudier ses méthodes trompeuses. Ne prenez évidemment pas son jeu au pied de la lettre, mais essayez de voir au-delà et de découvrir la **vérité cachée** dans l'ombre. Son langage corporel, les expressions de son visage et le ton de sa voix fournissent plus d'informations que les faits qu'il essaie de communiquer, pensez-y ! Prenez tout votre temps pour organiser une contre-attaque efficace...

Déjouer ses plans

Tâchez de convaincre votre concurrent Cancer que vous croyez ce qu'il vous a dit ! Donnez-lui même l'impression que vos réactions seront basées sur ce fait. En même temps, vous l'égarerez complètement en étant aussi secret et rusé que lui. Derrière une **façade trompeuse** d'inactivité et d'indécision, travaillez activement à organiser votre campagne. Quand vous frapperez, cognez fort sur ses points les plus vulnérables. Continuez à taper jusqu'à ce qu'il soit obligé de battre en retraite ou d'abandonner ! Quand vous aurez **percé une brèche** dans sa défense, il commencera à agir plus sincèrement et raisonnablement...

Comment l'impressionner

Cantonnez-vous à des **réponses courtes** et factuelles ! Très psychologue, le concurrent Cancer veut vous faire parler le plus possible pour utiliser vos propos contre vous dans le futur... En lui refusant cette opportunité, vous pouvez profiter de sa confusion devant votre absence de réaction. Si jamais il passe à une tactique de charme, rendez-lui la pareille et entrez dans son jeu de séduction, en veillant à ne pas vous laisser prendre à ses stratagèmes.

En jouant la carte de la **force et du silence**, vous l'impressionnerez par votre capacité à résister !

Prendre l'avantage

Sous le charme et l'assurance apparente du concurrent Cancer se cache une bonne dose d'insécurité et de doute. La meilleure façon de lui couper l'herbe sous le pied consiste à **le faire douter** de ses propres méthodes. Employez avec subtilité l'ironie, les mots d'esprit et la raillerie pour éveiller ses inquiétudes sur lui-même et ses produits ou services. Une fois que vous aurez obtenu ce résultat, vous pourrez continuer à le déclencher à volonté et, comme un bon joueur de poker, sortir gagnant de la partie **à coups de bluff** et de surenchères...

La psychologie du concurrent Cancer...

Le concurrent Cancer est **expert en psychologie**... Par conséquent, mieux vaut lui laisser ce domaine et vous intéresser aux aspects empirique et objectif. Éliminez toute tonalité ouvertement émotionnelle de votre discours et basez-le autant que possible sur des faits et des chiffres. Laissez ces derniers parler d'eux-mêmes plutôt que d'essayer d'en évoquer les implications pratiques. Encouragez les réactions émotionnelles du Cancer et laissez-le **s'épuiser à combattre** le déferlement de sentiments qu'il éveille autour de lui. Soyez confiant et sûr de vous, bannissez le doute de votre discours !

II

En couple

PETIT(E) AMI(E), CONJOINT(E), EX, FLIRT, AMANT(E)

Le flirt Cancer

Le Cancer, **profondément sensible**, n'est pas homme ou femme à prendre les questions émotionnelles et relationnelles à la légère. Cela dit, il est capable de faire semblant de passer un bon moment et de faire le zouave, alors qu'il ne ressent pas grand-chose en profondeur. Mais quand il tombe, la chute est dure. Si votre flirt Cancer exprime un sentiment envers vous, acceptez-le comme un compliment précieux et **ne le dévalorisez pas**. Il ne vous laissera aucun doute sur le fait qu'il souhaite vous revoir ou non. S'il a vraiment un faible pour vous, vous aurez peut-être du mal à vous en débarrasser.

\+
SENSIBLE
DÉMONSTRATIF
AIMANT
POINTS FORTS

–
POSSESSIF
SIMULATEUR
COLLANT
POINTS FAIBLES

SUBTIL
CALCULATEUR
VIGILANT
RELATIONNEL

L'attirer dans vos filets

Le Cancer apprécie que vous recherchiez sa compagnie, surtout si vous lui plaisez ! Il prendra rarement l'initiative et vous laissera le draguer ou l'inviter. Mais il est tellement **exigeant dans ses goûts** qu'il vous sera difficile de savoir quelles sont vos chances... Il doute souvent de ses sentiments

Faire le premier pas...

Dans la majorité des cas, **ne vous y risquez pas** ! Le Cancer est plein de nuances en matière de sentiments. Un sixième sens l'avertit de vos intentions et il sait souvent avant vous ce que vous allez faire. Il peut aussi influencer puissamment vos sentiments sans en être conscient. Observez-le et écoutez-le attentivement pour savoir où vous en êtes. Normalement, au deuxième ou **troisième rendez-vous**, vous saurez jusqu'où vous pouvez aller...

au début d'une relation et a besoin de temps pour vous comprendre et savoir où il en est. Facilement déçu et perturbé, le Cancer n'est pas terriblement sûr de lui lors du premier rendez-vous, même s'il est guidé par des goûts et des préférences marqués.

Où sortir ?

Si vous pouvez trouver à l'avance un concert, une discothèque ou un restaurant qu'il aime, allez-y directement plutôt que de l'emmener dans un endroit que vous aimez. Si vous décidiez néanmoins de l'entraîner dans l'un de vos repaires préférés, envisagez la possibilité qu'il ne l'aime pas et que la soirée en soit gâchée. Où que vous alliez, ne passez pas votre temps à lui dire combien c'est merveilleux : s'il n'aime pas, il est **impossible de le convaincre** ! En cas de doute, invitez-le chez vous et préparez-lui un repas délicieux, suivi d'une soirée tranquille en tête-à-tête...

Comment l'épater

Le Cancer sera extrêmement impressionné par votre **empathie à son égard** et votre sensibilité à ses souhaits. Si vous essayez de faire étalage de vos connaissances, de votre physique, de votre tempérament ou de vos relations, vous risquez de creuser votre propre tombe. Le Cancer aimera vous **découvrir par lui-même**, sans que vous lui donniez les clés. Il est probable aussi qu'il donnera des avis non sollicités sur certains sujets au cas où vous vous méprendriez sur leur signification ou voudriez en faire trop. Étant donné que le Cancer aura un regard très critique sur vos actes, de graves bévues ne vous donneront pas droit à une seconde chance...

À faire ou à ne pas faire

Les goûts et dégoûts des flirts Cancer sont très différents, mais dans tous les cas, ils sont nettement marqués. La recette est très simple : découvrez ce qu'il aime et donnez-lui ! Si vous remarquez des choses qui lui déplaisent, ou s'il vous en avertit, évitez ces activités, lieux ou centres d'intérêt comme la peste. **Ne discutez pas** de ces sujets avec lui et n'essayez pas de le faire changer d'avis. Quand il commencera à vous faire confiance et saura que vous respectez son jugement, vous pourrez envisager de passer à l'étape suivante...

Comment s'en débarrasser

À moins qu'il ait vraiment le béguin pour vous, le Cancer sera **facile à décourager** par un regard de travers, un mot dur ou un traitement brutal, tant il est sensible aux sentiments des autres. S'il vous aime, il sera difficile ou impossible de vous en débarrasser vite. Il ignorera tous les signaux d'avertissement et interprétera même positivement toutes vos réactions négatives. Une fois que vous l'avez invité à sortir et qu'il a jeté son dévolu sur vous, le tendre piège qu'il crée et les toiles qu'il tisse pour vous retenir sont infiniment variés et peuvent devenir très agréables.

Le/la petit(e) ami(e) Cancer

Le Cancer aime les **relations stables**. De tempérament routinier, il s'habitue à ce que son partenaire soit à son entière disposition. Par conséquent, il comptera sur son aide dans tous les domaines, des finances au sexe. Il aime que les choses se passent bien, et il est gentil et affectueux tant qu'il peut agir à sa guise. Si l'on refuse d'accéder à ses désirs, il devient très grincheux et irritable ; souvent, il se retire dans sa coquille et laisse exploser sa colère et son ressentiment. Comme son symbole, le crabe, il **se protège soigneusement**, mais la douleur ne lui est pas inconnue.

+
GENTIL
AFFECTUEUX
GÉNÉREUX
POINTS FORTS

—
IRRITABLE
RENFERMÉ
ÉGOÏSTE
POINTS FAIBLES

TOLÉRANT
AUTOPROTECTEUR
FIABLE
RELATIONNEL

Discussion ou monologue ?

Le Cancer ne voit pas d'inconvénient à parler de ses sentiments, mais il les exprime mieux qu'il ne les analyse. Les problèmes émotionnels étant inévitables avec lui, mieux vaut généralement les **exposer au grand jour**, même s'il a tendance à les garder pour lui. Ce sera à vous de trouver le bon moment et le bon endroit pour une discussion sérieuse, car votre partenaire ne prendra pas l'initiative en la matière. Ce sera difficile, mais essayez de **maintenir l'objectivité** du débat, sous peine de le voir entrer dans une rage incontrôlable !

Un voyageur peu endurant

Il peut être agréable de voyager avec le Cancer, mais pas trop ! Tôt ou tard, il aura envie de retourner au confort et à la sécurité de **son nid douillet**... Il se lasse au bout de quelques jours de voyage, s'épuise et devient malheureux. Il est toutefois capable d'être endurant et, en cas d'urgence, vous pouvez compter sur sa solidarité. Ce **côté dévoué** vous aidera à supporter des moments difficiles en transit. Essayez de prévoir dans votre programme de voyage des périodes de repos au cours desquelles il pourra retrouver son calme.

Des disputes interminables...

Les disputes avec le Cancer ne s'arrêtent jamais ! Même si une trêve ou un accord provisoire intervient, n'y voyez pas la fin d'un litige entre vous. Comme un chien avec un os, le Cancer **ne lâche pas prise** facilement. Les disputes tendent à prendre la forme d'une chamaillerie interminable et d'une lutte sourde n'atteignant leur paroxysme que de temps à autre. Ce genre de bruit de fond peut être épuisant et faire peser une pression constante sur la relation. Pour **éviter l'escalade**, laissez-lui tout simplement le dernier mot !

Son humour

Le Cancer aime rire... mais cela ne signifie pas toujours qu'il s'amuse ! Il s'agit souvent d'un **rire nerveux**, d'une tentative de masquer quelque chose qui l'ennuie. Le type d'humour qu'il apprécie vraiment ? Le partage de bons mots, gags, grimaces n'appartenant **qu'à vous deux**. Ce genre de *private jokes* le rassure, mais irrite fréquemment les amis et les membres de la famille présents...

Le sexe

Le sexe peut être agréable avec le Cancer : pourvu qu'il obtienne ce qu'il aime vraiment en quantité suffisante, il est généralement disposé à **vous faire plaisir** et il est sensible à vos besoins. Dans ce domaine, il a parfois tendance à se sacrifier... Veillez à ce que cela ne se termine pas en rancœur, car vous risquez alors un **effet boomerang** ! Dans les cas extrêmes, le Cancer peut se rendre extrêmement malheureux sans en être pleinement conscient, notamment quand il a idéalisé son partenaire depuis le début.

La tendresse et les câlins

En règle générale, la tendresse est plus spontanée chez le Cancer que le sexe. Cherchant en permanence à éviter les crises, il peut avoir une **influence apaisante** sur la relation. Cette tendance à vouloir ignorer les problèmes et éviter les complications le conduit parfois à être exagérément affectueux et attentif, surtout s'il craint une explosion de critiques ou de violence de la part de l'autre. L'expression de son affection peut ainsi devenir un **outil de manipulation** ou le signe d'une volonté de refuser la vérité à propos d'une relation.

Le/la conjoint(e) Cancer

Le/la conjoint(e) Cancer est résolu(e) à construire un **foyer sécurisant**. Le Cancer s'intéresse normalement à presque tout ce qui concerne son lieu de vie et il fera son possible pour que tout corresponde exactement à ce qu'il veut. Sachant qu'il passera autant de temps que possible à la maison, il cherchera dès le début à organiser son domicile dans une optique **d'efficacité et de plaisir**, jusque dans le moindre détail. Quand il se heurte à des restrictions d'espace ou d'emplacement, il peut se sentir très frustré. Le Cancer doit être libre de dépenser de l'argent pour de constantes améliorations.

+
ORGANISATEUR
ATTACHÉ AU FOYER
EFFICACE
POINTS FORTS

—
FRUSTRÉ
MONOMANIAQUE
AUTORITAIRE
POINTS FAIBLES

PROTECTEUR
AFFIRMATIF
ASSURÉ
RELATIONNEL

Le mariage et la lune de miel

Le Cancer a besoin de se sentir chez lui et il est peu probable qu'il supporte bien une longue lune de miel dans un environnement inconnu. Organisez donc le voyage de noces dans **un lieu qu'il connaît** et où il a déjà séjourné à plusieurs reprises au fil des ans. Dans la majorité des cas, le romantisme lui importe moins que le décor. Quant à votre futur cadre de vie, il a probablement déjà pris toutes ses décisions et mis au point ses plans d'aménagement...

Le train-train quotidien

Une fois le Cancer installé dans son nid, il sera sans doute comblé et heureux ! Ce bonheur peut se répercuter directement sur son attitude envers son partenaire, mais, dans le cas inverse, son malaise sera également perceptible. À l'instar de l'astre qui le gouverne, les sentiments de cet être lunaire se reflètent sur les autres ; mieux vaut donc **entretenir sa bonne humeur** ! Veillez à ce qu'une part importante du budget, en dehors du loyer et des frais de fonctionnement, lui soit accordée pour de nouveaux achats, notamment pour l'alimentation... Le Cancer aime en effet la bonne chère et **cuisine à la perfection**, et vous en récolterez les bénéfices !

Les questions d'argent

Le Cancer supporte mal de devoir rendre compte de chaque centime qu'il dépense ou de demander une autorisation pour cela ! Il doit **être libre** (dans des limites raisonnables) de gérer son budget sans la menace constante d'une critique ou d'un interrogatoire... Mais il est lui-même parfois très critique concernant l'usage que fait l'autre de l'argent du ménage ! Laissez-lui le plus possible le soin de gérer les problèmes domestiques, mais faites-lui **accepter un budget**, notamment concernant les parts allouées à chaque poste. Le Cancer est capable de restreindre ses dépenses, même sa cagnotte, s'il est d'accord sur le principe.

Est-il/elle fidèle ?

La plupart du temps, le Cancer sera là pour vous, mais s'il part de son côté, inutile d'insister, il refusera de répondre à vos questions ! Vous trompe-t-il vraiment ? Cela restera probablement **un secret**, peut-être même enveloppé de mystère pendant des années... « Cela s'est-il passé ou non ? » sera la grande question à laquelle vous avez peu de chances de pouvoir répondre. Si vous évoquez une indiscrétion ou une infidélité flagrante, il est probable qu'il **refusera de répondre** à vos questions et menacera même de vous quitter si vous manifestez un doute et de la méfiance.

Avec ses enfants

Le Cancer est un **excellent parent** tant qu'il s'agit d'apporter des soins, de faire preuve de dévouement et d'empathie. Cependant, il lui arrive également d'étouffer ses enfants en leur refusant la liberté dont ils ont éperdument envie. En gardant ses enfants sous contrôle, il les empêche de devenir de vrais adultes pour mieux **les garder près de lui**. Chez le Cancer, il ne s'agit pas tant de domination que d'un refus et, dans certains cas, d'une incapacité à les laisser partir. Trop souvent, le parent Cancer a l'impression qu'il lui revient de prendre toutes les décisions importantes pour ses enfants, sans discussion.

Le divorce

Rompre avec un Cancer peut être un processus extrêmement douloureux. Parce qu'il crée des **liens affectifs forts** avec son partenaire et les ressent profondément, le Cancer a souvent besoin de conserver une relation cordiale après le divorce. En règle générale, il se bat pour tous **les objets de la maison** auxquels il estime avoir droit, y compris la maison elle-même, évidemment ! Étant donné qu'il a énormément investi de temps et d'énergie dans les questions domestiques, il réclame presque tout. Si possible, laissez-lui la maison et partez vers de nouveaux horizons !

L'amant(e) Cancer

Le Cancer excelle dans **l'art de la dissimulation** et il est attiré par les relations secrètes. L'amant(e) Cancer rend souvent cette relation possible et satisfaisante en raison de sa discrétion. En règle générale, le Cancer ne voit rien de mal à donner son maximum à un(e) amant(e), puis à retourner vers son partenaire ou son/sa conjoint(e) avec la conscience tranquille. Souvent, la relation affective qu'il partage avec vous influence positivement sa relation principale et améliore sa qualité à long terme. Les aventures amoureuses du Cancer peuvent **se prolonger** pendant des semaines ou même des années.

+
DISCRET
DIPLOMATE
FRANC
POINTS FORTS

–
DÉCEVANT
DISSIMULATEUR
ÉVASIF
POINTS FAIBLES

ASSURÉ
SANS AMBIGUÏTÉ
SENSIBLE
RELATIONNEL

LA rencontre

Il est préférable de disposer d'un **lieu extrêmement intime** pour retrouver régulièrement le Cancer sans être dérangé. Il doit s'y sentir à l'aise et ne pas ressentir l'endroit comme bon marché ou négligé ! Le raffinement est naturel chez la plupart des Cancers et, avec lui, une exigence de qualité. En outre, il aime partager un moment inoubliable avec vous et ne pas être casé dans un créneau horaire trop précis. Pour lui, l'essentiel n'est pas le sexe, mais l'expression sincère de l'**émotion**. La manifestation et le développement de l'affection ont plus de valeur qu'un accès subit de passion.

Où le/la retrouver ?

Le Cancer ne se sentira pas à l'aise dans son lieu de vie ni dans le vôtre ! Extrêmement pointilleux quant à l'endroit et à la façon d'exprimer son amour, il préfère souvent les rencontres dans un **cadre neutre** qui n'est pas fortement associé au passé. Cet endroit deviendra, non pas exactement un nouveau foyer, mais **un havre** où se détendre et se retirer du monde agité... Tout ira pour le mieux si vous fournissez un lieu où il ne sera pas importuné par ses problèmes extérieurs !

Le sexe

Le Cancer est extrêmement physique dans une liaison et il peut devenir très émotif et passionné ! La **sensualité**, plutôt que la sexualité, est néanmoins son point fort. Pour lui, le fait de toucher un autre corps est le summum du plaisir sensuel, et autoriser un autre à le toucher est l'expression d'une confiance et d'une intimité profondes. Le Cancer est le spécialiste des longs baisers et des étreintes prolongées, mais aussi de rites complexes qu'il élabore au fil du temps. Les **expressions réciproques** – et surtout pas unilatérales – sont à privilégier. Le Cancer aime apprendre à connaître l'autre et recherche tous les détails de son intimité de façon subtile.

Les sorties à deux

Dans la majorité des cas, **aucun divertissement** n'est nécessaire ! Le Cancer s'active à tisser sa toile magique autour de vous, à vous enchanter et à vous séduire. Tous les autres sujets sont secondaires à ses yeux, car l'amour est habituellement **son idéal** le plus élevé. Tout ce qu'il attend de vous

Qui retient qui ?

Si le Cancer est vraiment amoureux, il fera **tout ce qui est en son pouvoir** pour vous retenir. En raison de ses fortes capacités d'empathie, il sentira quand vous êtes dans les mêmes dispositions, ou quand vous faites semblant ou vous éloignez sur le plan affectif. S'il sent qu'il vous perd, il **resserrera les liens** et il vous deviendra difficile, voire impossible, de vous échapper. Le Cancer ne reculera devant rien pour retenir l'objet de son amour ! Impudique, il est franc dans l'expression de ses sentiments.

est que vous lui répondiez et vous **abandonniez complètement** à votre aventure amoureuse... Les bavardages et les conversations en général sont secondaires par rapport aux regards, caresses, murmures de tendresse et soupirs de plaisir de l'intimité. Les apprécier sur le moment est la principale exigence ici. Un contact visuel permanent l'excite tout particulièrement.

Une rupture sur mesure

Le Cancer doit être absolument convaincu que sa liaison amoureuse est totalement terminée avant d'abandonner. S'il est encore amoureux, il vous sera extrêmement difficile de rompre **unilatéralement** cette liaison. Si, au contraire, vous êtes encore amoureux de lui et qu'il ne ressent plus rien, il peut être assez **impitoyable** et vous abandonner sans autre forme de procès. Donc le timing et la manière sont dans les mains du Cancer plus que dans celles du partenaire...

L'ex Cancer

En cas de rupture par consentement mutuel, sans animosité, il n'y a pas de problème réel. Si c'est le Cancer qui part, la situation peut être étonnamment **facile à gérer**, car il n'a pas le sentiment d'être rejeté et l'expérience peut même le rendre plus fort. Si, en revanche, c'est lui qui est quitté, toutes sortes de comportements agressifs, négatifs et blessants risquent d'apparaître. Il est probable que la **rancœur** jouera un rôle important, notamment si le Cancer sent qu'il a été repoussé sans y être pour quoi que ce soit. Ce sentiment d'avoir été traité injustement peut créer des blocages qui dureront des années.

+
FORT
SÛR DE LUI
GÉNÉREUX
POINTS FORTS

–
AMER
REJETÉ
NÉGATIF
POINTS FAIBLES

RÉSERVÉ
ATTENTIONNÉ
DISCRET
RELATIONNEL

Amis ou ennemis ?

Un délai d'un an ou deux sera probablement nécessaire après la rupture avant que le Cancer soit prêt à devenir votre ami ! Quand un ex Cancer ferme la porte à une relation, elle reste fermée, et une porte entièrement nouvelle doit être ouverte. Extrêmement circonspect lors de la deuxième tentative, le Cancer sera excessivement prudent à la perspective de donner à nouveau presque tout à la même personne. Évidemment, l'amitié sera plus facile si l'ex Cancer a été suffisamment dédommagé de la terrible douleur qu'il a ressentie. Mieux vaut reconnaître vos fautes et responsabilités vis-à-vis de lui !

Se remettre ensemble

C'est extrêmement difficile à moins que vous ne soyez **la partie offensée** et que le Cancer s'en soit sorti quasiment irréprochable et émotionnellement intact. Dans ce dernier cas, vous pouvez renoncer progressivement à votre colère et votre rancœur (ou l'exprimer calmement à une ou deux reprises), devenir amis et repartir de là. Si votre ex Cancer est toujours amoureux de vous, il y a une chance de réconciliation, tant que vous n'exploitez pas déloyalement ses sentiments. Restez dans un registre informel, même occasionnel et, plutôt que de commenter ce qui arrive, laissez le miracle de la nouvelle situation vous submerger tous les deux. **Laissez les choses venir**, sans pousser à la roue...

Lui exprimer votre affection

Ne soyez le premier à exprimer votre affection que si vous pouvez le faire avec beaucoup de **tact et de subtilité**... Autrement, laissez-le faire le premier pas. Le Cancer est tellement à l'écoute des sentiments qu'il saisira la moindre douceur ou chaleur de votre part. Inutile d'**en faire trop**, cela provoquerait vraisemblablement une réaction négative immédiate ! Le fait d'écouter et de comprendre ses sentiments sera, en soi, considéré comme une expression d'affection ! Restez assez attentif pour ne pas manquer le premier geste de tendresse de sa part. Passer à côté serait une sérieuse bourde...

Peut-on parler du passé ?

Ne soulevez pas les problèmes du passé avec l'ex Cancer ! Le passé est un **sujet très délicat** et sensible pour lui ; il n'oublie ni ne pardonne facilement. C'est très bon signe qu'il commence à évoquer ses souvenirs ou le bon vieux temps avec nostalgie, mais ne brûlez pas les étapes. Montrez d'un regard ou d'un sourire affectueux que vous partagez ce sentiment. Quand il aborde les difficultés du passé, **laissez-le s'exprimer** jusqu'au bout plutôt que de vous raidir ou de changer de sujet. S'il vous questionne, répondez aussi calmement et sincèrement que possible.

Partager la garde des enfants

Si le Cancer est persuadé que vous êtes quelqu'un de bien et que les intérêts des enfants vous tiennent à cœur, il y aura peu de problèmes... Cependant, s'il a des doutes sur vous, fondés sur l'expérience passée, il sera très difficile de négocier avec lui ! Établissez progressivement **la confiance** en faisant preuve de constance et laissez cicatriser les blessures du passé pendant qu'un nouveau lien se forme. Si les enfants devaient vivre **avec votre ex**, accueillez favorablement les règles imposées par le tribunal ou les exigences exprimées par le Cancer. Si les enfants vivent **avec vous**, autorisez le Cancer à jouer un rôle important dans leur vie, mais restez à l'affût des comportements manipulateurs et autoritaires.

III

En famille

PARENT, ENFANT, FRÈRE, SŒUR

Le parent Cancer

Le Cancer peut être le plus aimant et le plus **attentionné** des parents. Affectueux et protecteur, il satisfait volontiers les besoins de nourriture et de protection de sa progéniture. Cependant, il peut également être étouffant et donc frustrer ses enfants ou entraver leur épanouissement en tant qu'individus à part entière. Le parent Cancer doit apprendre la dure leçon du **lâcher prise** et accorder à ses enfants la liberté qui leur appartient de plein droit. Son soutien aimant est un piège si tendre que ces derniers y succombent souvent et deviennent exagérément dépendants.

+
MATERNANT
ATTENTIONNÉ
AIMANT
POINTS FORTS

−
AUTORITAIRE
SURPROTECTEUR
ÉTOUFFANT
POINTS FAIBLES

SOLIDAIRE
COOPÉRATIF
CONCERNÉ
RELATIONNEL

Fais pas ci, fais pas ça : la discipline

En raison de sa forte empathie avec ses enfants, le Cancer n'a pas ou peu besoin d'instaurer une discipline pour s'imposer ! Généralement, il suffit d'une **conversation à cœur ouvert** avec son enfant après une imprudence ou une règle transgressée pour que les choses se règlent dans

Est-il affectueux ?

En règle générale, le Cancer est extrêmement affectueux ! Il lui est **tout à fait naturel** d'exprimer son affection à ses enfants. Ceux-ci apprennent rapidement que si elle n'est pas exprimée, quelque chose ne va pas et, comme font souvent les enfants, ils en endossent la responsabilité... Le Cancer devra alors expliquer que la distance et l'absence d'expression émotionnelle n'a rien à voir avec eux, mais avec un autre domaine de sa vie. Non seulement il est capable d'être démonstratif, mais il aime aussi **recevoir des câlins**, des baisers et des sourires.

le calme. Cependant, s'il y est forcé, le Cancer peut être assez sévère et imposer des punitions à ses enfants, sous la forme d'interdictions de sorties. Il se plaît à penser que ses règles sont bien connues et par conséquent ne sont transgressées que volontairement, ce qui devrait être rare. Il est tout disposé à écouter des explications et à accepter des excuses, au moins pour la première infraction.

Les questions d'argent

Le Cancer accorde habituellement de l'**argent de poche** hebdomadaire à ses enfants, mais il insiste pour qu'ils s'en tiennent à cette somme et ne demandent pas régulièrement un supplément. Il sera néanmoins **sensible à certaines demandes** spécifiques d'un enfant : article vestimentaire particulier, cotisation à un club ou distraction exceptionnelle... pourvu qu'il en ait les moyens. Le parent Cancer est si généreux et bienveillant qu'il offrira souvent une **gratification** avant que ses enfants ne se décident à la lui demander !

Les situations de crise

Le Cancer fait tout son possible pour désamorcer les crises avant l'explosion. En empathie avec ses enfants, il sait prendre toutes les dispositions pour résoudre le problème, ou du moins **limiter les dégâts**. Bien qu'il soit plutôt calme, réconfortant et rassurant, le Cancer sait **agir rapidement** dans l'urgence et on peut compter sur lui dans les situations critiques. Cependant, en raison de ses comportements surprotecteurs, il lui arrive aussi de perdre son sang-froid et de réagir avec excès dans son ardeur à secourir sa progéniture. Il doit travailler sur sa capacité à garder son calme en période de crise !

En vacances

Le Cancer ne voit pas la vie comme des vacances perpétuelles ! Il y a les tâches ménagères, les devoirs à terminer et son apparence personnelle à soigner. Cela dit, sa conception sérieuse de l'éducation perd de sa rigidité au moment des vacances et des réunions de famille, pendant lesquelles il se **laisse aller** et permet à ses enfants de passer de bons moments... Il ne va pas cependant jusqu'à les laisser faire n'importe quoi, car son instinct protecteur réapparaît pour écarter tout danger de ses petits.

Le parent Cancer âgé

S'occuper de ses enfants a été une part tellement importante de sa vie de jeune parent que le Cancer âgé apprécie d'être **bien soigné**. Mais comme il sait quelle énorme dépense de temps et d'énergie cela représente, il est rare qu'il demande à ses enfants de prendre soin de lui. Généralement, il essaie de **se débrouiller seul** à son domicile, ou se laisse convaincre d'emménager dans un appartement plus petit, plus proche des membres de la famille. Il réagit rarement bien à la suggestion de s'installer dans une résidence du troisième âge. Plus il vieillit, plus le Cancer a du mal à partager son espace !

Le frère ou la sœur Cancer

À moins qu'il ne soit l'aîné – dans ce cas, son côté dominateur et agressif apparaîtra sans doute –, le Cancer évolue souvent avec aisance dans une grande fratrie. Susceptible d'être gâté par ses frères et sœurs plus actifs, il se contente généralement de jouer un **rôle secondaire** et de s'occuper de ses affaires tranquillement et discrètement. Il est probable qu'il aura un frère ou une sœur préféré(e) à qui il sera très attaché, au point de devenir quasiment son ombre. Le Cancer se distingue souvent des autres enfants par son **besoin aigu de ses parents**, surtout s'il souffre d'une maladie chronique.

+
SENSIBLE
AFFECTUEUX
CÂLIN
POINTS FORTS

—
DÉPENDANT
HYPERSENSIBLE
RANCUNIER
POINTS FAIBLES

AFFECTUEUX
ÉGOCENTRIQUE
DISTANT
RELATIONNEL

Rivalité ou atomes crochus ?

Le Cancer, en règle générale, n'est **pas enclin à la rivalité** avec sa fratrie, satisfait de ce qu'il a et de ce qu'il est ! S'il y est poussé, il entre en compétition et gagne souvent, mais l'agression déclarée n'est pas habituellement dans son style, à moins d'une provocation grave. Il est **proche des frères et sœurs** avec lesquels il partage des sentiments, de joie ou de souffrance. S'il est l'aîné de la fratrie, il exerce sa domination sans encourager la compétition et protège énergiquement ses cadets, notamment contre les railleries et les défis déloyaux de leurs camarades de classe plus âgés.

Le poids du passé

Le Cancer a la **mémoire longue**, notamment en matière de vieilles rancœurs ! Le temps n'estompe guère ces souvenirs déplaisants ; si ses frères et sœurs souhaitent éclaircir ce genre de questions, ils devront prendre l'initiative d'ouvrir la discussion. Le plus souvent, le Cancer compliquera la situation en esquivant et refusera carrément de répondre ou démentira l'importance de ces sujets à ses yeux. Toutefois, la vie de quasiment tous les Cancers recèle des histoires du passé qui doivent être abordées ou gérées de façon à éviter les **blocages** dans le développement de l'adulte...

Les réunions de famille

Si le Cancer est en bons termes avec les autres membres de la famille, il mettra la main à la poche et **aidera** aux préparatifs, notamment s'il est d'humeur festive. S'il est grincheux ou renfermé, il faudra le pousser un peu. Cependant, un différend récent ou de longue date peut l'empêcher d'être présent ou de participer. Mieux vaut régler ce problème à l'avance et ne pas le laisser couver jusqu'au grand jour. Une fois que le Cancer aura laissé ce conflit derrière lui, il apportera toute son **énergie positive**.

Les questions d'argent

En matière d'**héritage**, le Cancer demandera strictement ce qui lui est dû, ni plus ni moins ! S'il était affectivement proche du défunt, il se peut même qu'il dépense l'argent conformément aux vœux supposés ou exprimés du disparu. Quant à solliciter le Cancer pour un prêt... Ses frères et sœurs le trouveront peut-être **légèrement radin** et peu disposé à débourser un argent durement gagné. En cas d'urgence ou de dépense partagée concernant les parents, on peut compter sur lui pour partager la facture, mais il faudra sans doute le lui demander plutôt que d'attendre qu'il le propose de lui-même.

Les vacances

Si vous êtes sensible aux besoins du Cancer, à ses goûts et dégoûts très marqués, les choses se passeront très bien ! Le Cancer aime les vacances en famille, mais quand il a besoin de se retirer

Enterrer la hache de guerre…

Voilà qui est difficile ! Quand le Cancer est brouillé, à l'instar du vrai crabe, il a tendance à se retirer dans sa coquille. Une fois qu'il a adopté cette attitude défensive, il est extrêmement difficile de l'en faire sortir. Il faudra prendre le temps de **rétablir la confiance**, et cela peut être long, pour espérer le toucher et le ramener dans le giron familial. Pour compliquer les choses, il est fréquent qu'il n'y ait pas une cause unique, mais qu'un réseau complexe de **troubles affectifs chroniques** soit responsable. Procédez avec persévérance, patience et compréhension pour dénouer les problèmes un à un…

dans son **espace personnel** (qui doit être à sa disposition), il est bon de lui en laisser le loisir. Particulièrement amateur de natation ou de bains en tous genres, ce signe d'eau est connu pour sa prédilection pour les vacances **au bord de la mer**, d'un lac ou d'une rivière. Le Cancer apprécie autant le soleil que les autres, mais il aime aussi se prélasser dans l'herbe fraîche, à l'ombre d'un arbre.

L'enfant Cancer

L'enfant Cancer peut devenir trop dépendant de ses parents. En raison de son intense **besoin de sécurité**, il attend beaucoup de soutien, de conseils et de protection de leur part. Il se sent fréquemment à la merci d'un monde hostile qui ne le comprend pas ou ne respecte pas ses sentiments. Les parents compréhensifs doivent chercher à l'initier et lui enseigner les secrets de l'art de vivre en société. Développer une véritable **indépendance** est le plus grand challenge pour cet enfant. Le rôle des parents est essentiel pour réduire sa dépendance et accroître une liberté responsable.

+
SENSIBLE
AVIDE DE LIBERTÉ
ORIGINAL
POINTS FORTS

—
SURPROTÉGÉ
EN MANQUE D'AFFECTION
ASOCIAL
POINTS FAIBLES

INTROVERTI
DÉPENDANT
RÊVEUR
RELATIONNEL

Aidez-le à grandir !

Cet enfant est original et a la capacité de développer sa personnalité propre, si ce n'était cette profonde **dépendance** qu'il manifeste généralement envers ses parents, frères et sœurs ou autres membres de la famille. À l'abri dans le giron familial, le Cancer aura peu de problèmes. Afin d'épanouir sa personnalité, toutes les **activités sociales** telles que l'école, le sport, les sorties culturelles et les contacts sur Internet devront être encouragées. Elles contrebalanceront sa tendance naturelle à la solitude et limiteront son évasion vers un monde imaginaire.

Ses centres d'intérêt

Les hobbies qui mettent le Cancer **en contact** avec des enfants du même âge doivent évidemment être encouragés, plutôt que ceux qui l'isolent du monde. Par exemple, s'il montre un amour de la musique et le talent correspondant, au lieu de le faire débuter par le piano, proposez-lui un instrument à cordes, à vent ou un cuivre dont il pourra jouer dans un orchestre avec d'autres enfants, ou la batterie, ou encore une guitare électrique pour rejoindre un groupe de rock ! Le Cancer peut être un **excellent éditeur** et fait souvent une carrière satisfaisante dans ce domaine. Il s'intéresse également aux défis physiques et a besoin d'aventures réelles pour contrebalancer son penchant pour l'imaginaire.

Avec les autres enfants...

Ne critiquez jamais ni parlez durement à un Cancer devant ses frères et sœurs ou des amis ! Les adultes qui le connaissent bien **le prendront à part** et lui parleront avec gentillesse. Même si les parents doivent garder un œil sur ses rapports avec les autres enfants, notamment ses frères et sœurs, il ne faut pas qu'ils interviennent en permanence pour redresser la situation, mais qu'ils apprennent à **rester en retrait** et à laisser le Cancer gérer ses affaires autant que possible. Cette attitude instaurera la confiance entre les parents et leur enfant Cancer !

L'autorité : jusqu'où aller ?

Plutôt que de se limiter à un système d'autorisations et d'interdits ponctué de récompenses et de punitions, la discipline vis-à-vis de l'enfant Cancer devrait consister en **des règles et des conseils** destinés à l'aider à se construire. Enclin à la rêverie, il réagit bien à la stimulation et à la canalisation de son énergie dans une direction positive. En établissant des normes et des obligations qu'il doit satisfaire, ses parents peuvent le pousser en douceur (ne le forcez jamais !) vers des activités productives, dont les résultats seront visibles de tous. La fierté de la réalisation deviendra une motivation puissante dans l'avenir !

Les démonstrations d'affection

Le besoin d'affection de l'enfant Cancer est fort. Mais il est si pointilleux sur les contacts affectifs et physiques que seuls les adultes les plus sensibles et les plus réceptifs arriveront à franchir les barrières. Rien ne le rebute davantage qu'une **façon déplacée de lui parler** ou de le toucher. Des parents en harmonie avec leur enfant le savent et adoptent toujours la bonne approche. Savoir exprimer son affection à l'enfant Cancer est donc aussi important que l'affection elle-même !

Petit Cancer devenu grand

Le Cancer a tendance à vivre beaucoup **dans le passé** ; par conséquent, il conserve souvent dans sa psyché des traces de traumatismes de l'enfance mal cicatrisés. Si un problème existe entre un membre de la famille et l'enfant Cancer devenu adulte, la seule présence de ce parent peut provoquer l'émergence des vieux sentiments. Pour cette raison, il est parfois préférable de contacter le Cancer par courriel ou par téléphone pour limiter les stimuli négatifs. Avec un supplément de confiance et d'amour, les **blessures cicatriseront**, mais il faudra du temps pour les contacts directs.

IV
En société

AMI(E), COLOCATAIRE, RELATIONS

L'ami(e) Cancer

Bien que le Cancer puisse faire un excellent ami, il voudra **vous avoir tout à lui**. Il veut avoir la certitude qu'il n'est pas seulement un « bon ami », mais le meilleur. Pendant que vous serez parti vous balader ailleurs, il attendra patiemment que vous reveniez vers lui. Un long compte-rendu téléphonique le satisfera, mais il préférera que vous déballiez vos dernières bêtises dans l'atmosphère chaleureuse de son logement. Il ne partagera pas ses propres aventures si facilement, car il est enclin à garder les sujets personnels pour lui. Cependant, en cas de besoin aigu, il peut **devenir dépendant** de votre soutien.

+
PATIENT
PROTECTEUR
DÉVOUÉ
POINTS FORTS

—
EXCLUSIF
TROP CURIEUX
SECRET
POINTS FAIBLES

RÉCEPTIF
PERSONNEL
CURIEUX
RELATIONNEL

Lui demander conseil

Le Cancer est heureux de donner son avis et le fait souvent **sans sollicitation** et sans réserve ! S'il trouve que votre façon d'agir risque de vous nuire, il ne tardera pas à vous conseiller de changer de cap. Dans son esprit, cette recommandation n'est ni désinvolte ni à prendre ou à laisser. Il s'obstinera jusqu'à ce que vous finissiez par **suivre son conseil** ou le rejeter ; dans ce dernier cas, il ne se précipitera peut-être pas pour vous aider à nouveau. En règle générale, son avis est utile, mais assurez-vous qu'il ne le concerne pas lui-même et ne soit donc pas objectif.

Rester en contact

En raison de la **tendance passive** du Cancer, il vous reviendra généralement de prendre les mesures nécessaires au maintien de la communication et des contacts réguliers ! Cet ami sera ravi d'avoir de vos nouvelles, même si vous ne vous êtes pas vus depuis longtemps. La communication n'est pas essentielle de son point de vue, car il lui semble suffisant de vous porter dans son cœur et il n'éprouve pas le besoin urgent d'exprimer ses sentiments à votre égard. Il appréciera de recevoir **un texto ou un courriel** de temps à autre. De même, si vous partez en voyage, il verra d'un bon œil l'envoi d'une jolie **carte postale** et l'expression de vos pensées affectueuses.

Si vous avez besoin de lui/d'elle…

On peut toujours compter sur sa **sympathie** et sa **compréhension**. Généreux de son temps et de l'attention qu'il accorde à vos besoins, le Cancer fait partie des amis les plus réceptifs et les plus empathiques qui soient… Cependant, quand il s'agit de passer à l'action, il a tendance à rester en retrait. Ainsi, son soutien est plus émotionnel que dynamique ! Il saura vous offrir une retraite où vous cacher pour panser vos blessures. **Protecteur**, il fera tout ce qui est en son pouvoir pour vous aider.

Lui emprunter de l'argent

Le Cancer peut être très généreux en ce qui concerne les prêts ! Mais il est **très gêné de réclamer** son remboursement ! Respectez donc votre accord initial pour éviter de froisser ses sentiments ou son portefeuille. En cas de non-remboursement, il risque de sombrer dans une dépression silencieuse. De telles situations peuvent mener à un **éloignement** ou même à la fin d'une relation, pas tant à cause de l'argent qu'en raison de l'insulte faite à ses sentiments. N'oubliez pas que, dans l'esprit de la plupart des Cancers, l'insensibilité est élevée au rang de péché, notamment chez leurs amis proches.

Les rencontres : où et quand ?

Pour le Cancer, les visites sont très importantes, notamment si la rencontre a lieu chez lui. Son côté le plus chaleureux et réceptif ne s'exprime pleinement que dans son **espace personnel**. La sécurité qu'il ressent chez lui est un élément essentiel. Il sera sans aucun doute ravi de vous préparer un **bon repas** et d'échanger les **derniers potins** et nouvelles. En règle générale, vous quitterez le Cancer en meilleure forme que vous ne l'avez trouvé, pourvu que vous n'ayez pas l'intention de le contrarier... auquel cas vous devriez vous épargner la peine d'une visite !

Faire la fête

Quand le Cancer décide de sortir, il veut vraiment passer **un bon moment** ! N'essayez pas toutefois de l'entraîner dans des fêtes qu'il est persuadé de ne pas apprécier. Vous vous exposez au risque d'un refus de dernière minute ou d'une mine morose tout au long de la soirée, laissant peu de doute sur le mauvais moment qu'il passe. Le Cancer **aime organiser** des fêtes, mais il est enclin à vouloir faire la cuisine et tout préparer lui-même. Il en est parfaitement capable, mais peut avoir une baisse de régime consécutive à la fête et être indisponible pendant quelques jours.

Le/la colocataire Cancer

Étant donné son **attachement au foyer**, il est probable qu'il portera un vif intérêt à votre cadre de vie commun, cherchant à en faire un refuge contre le monde extérieur. Son sens du confort et sa passion pour la bonne chère feront des lits, des canapés, des repas et du chauffage des priorités. Le foyer du Cancer est un nid, une cachette, un **sanctuaire privé** ; vous accepter comme colocataire est déjà l'un des plus beaux compliments qu'il puisse vous faire. L'intrusion dans son intimité (il lui faut sa chambre, mais il peut partager un espace de vie) est une chose qu'il ne supportera pas, sauf s'il vous inclut dans cette intimité.

+
IMPLIQUÉ
SOLIDAIRE
ATTACHÉ À SON FOYER
POINTS FORTS

–
CRAINTIF
RENFERMÉ
ISOLÉ
POINTS FAIBLES

PROTECTEUR
MATERNANT
SERVIABLE
RELATIONNEL

Les questions d'argent

Le Cancer est assez **performant** pour la gestion de l'argent ! Lui confier la responsabilité du règlement du loyer et des factures d'entretien après avoir collecté votre quote-part est une reconnaissance de ses capacités et cela devrait lui plaire. Néanmoins, vous devrez peut-être fixer un **budget strict** pour la nourriture et autres dépenses domestiques, car ses goûts raffinés risquent de devenir incontrôlables… Indiquez-lui simplement combien vous êtes disposé à dépenser chaque mois ou placez votre part dans une tirelire et laissez-le dépenser tout ce qu'il veut en plus de sa part !

Qui passe l'aspirateur ?

Une fois lancé, le Cancer excelle dans le ménage. La seule difficulté est de l'inciter à s'y mettre, car il est connu pour **remettre ces tâches à plus tard** ! Il peut parfaitement vivre dans le désordre, jusqu'à la limite du chaos, en fermant les yeux. La perspective d'une fête ou d'une visite l'éveillera à la nécessité du nettoyage. Son travail est généralement efficace et il a l'endurance et la concentration suffisantes pour s'accrocher jusqu'au bout quand il l'a décidé. Une autre façon de le préparer à une journée de ménage consiste à regrouper les produits d'entretien nécessaires et à les laisser bien **en évidence**...

Le meilleur hôte de l'année ?

Le Cancer sera très irrité si sa paix et son intimité sont constamment perturbées – ce qui risque de le rendre difficile à vivre. Prêtez une attention particulière à la fréquence des visites et à l'effet produit par les invités sur votre colocataire. Dans des limites raisonnables, les visites seront agréables pour tout le monde car le Cancer est fier de montrer son intérieur. Il aime la **convivialité**, et un dîner, un apéritif ou une soirée décontractée avec des visiteurs occasionnels lui seront très agréables. D'une façon ou d'une autre, le Cancer s'implique toujours à fond dans les soirées et les fêtes.

Ses **compétences culinaires** et d'organisation se manifestent alors. Les courses, la décoration, le ménage, l'envoi des invitations et la cuisine prennent un nouveau lustre dans les grandes occasions. Ne lui enlevez aucune des responsabilités qu'il prend : il sera déçu ou se sentira ignoré si vous en faites trop ! La socialisation n'est pas toujours un processus facile pour le Cancer et organiser une soirée est une excellente opportunité de développer son **côté sociable**.

Le respect de l'intimité

Le Cancer est un individu très secret, chez qui l'on ne peut ni ne doit s'imposer ! Une fois que le crabe se retire dans sa coquille, il est très difficile de l'en extraire. Il y aura des heures, des jours et de temps à autre une semaine complète où il faudra le laisser tranquille et **ne pas le déranger** – ni vous ni personne d'autre. Une fois que vous aurez montré que vous êtes à l'écoute de ses besoins, il fera preuve de chaleur en retour quand vous serez en manque d'affection. Ne protestez pas contre son habitude de **fermer sa porte à clé** et comprenez que, parfois, le simple fait de frapper peut être considéré comme une intrusion majeure.

Aborder les questions qui fâchent...

Mouvant comme le signe d'eau qu'il est, le Cancer est difficile à immobiliser pour discuter d'une question donnée. Après avoir tenté de lancer la discussion fortuitement sur des problèmes et avoir essuyé quelques refus, vous ressentirez peut-être le besoin de **programmer une réunion** entièrement vouée à ce sujet... Même s'il se dérobe au dernier moment, ne vous laissez pas décourager et insistez jusqu'à ce qu'il finisse par s'asseoir en face de vous. Pour plus d'efficacité, **faites une liste des sujets** de discussion et prenez des notes pendant cette réunion ! Cela contrebalancera le manque de concentration du Cancer. Une fois qu'il reconnaît la nécessité d'agir pour résoudre certains problèmes, on peut compter sur lui pour faire sa part de travail.

ÉDITION ORIGINALE
Cancer, son mode d'emploi, ses qualités : *Gary Goldschneider's Everdyday Astrology*. Copyright © 2009 Gary Goldschneider, tous droits réservés. Initialement publié en anglais par Quirk Books, Philadelphia, PA.
Les droits de ce livre ont été négociés par l'intermédiaire de l'agence littéraire Sea of Stories (www.seaofstories.com, sidonie@seaofstories.com).

ÉDITION FRANÇAISE
Adaptation à partir de *Signes astrologiques, mode d'emploi*, de Gary Goldschneider. Traduit par Catherine Bricout et Marie-Noëlle Pichard.

Direction de la publication : Isabelle Jeuge-Maynart et Ghislaine Stora
Direction éditoriale : Émilie Franc
Édition : Nathalie Cornellana assistée de Jeanne Friszman
Direction artistique : Géraldine Lamy
Conception graphique : Bastien Gelas
Réalisation : Nord Compo
Fabrication : Marlène Delbeken

Typo Le Murmure (titre)
© Jérémy Landes / Velvetyne Type Foundry

ISBN : 978-2-03-600960-8
Imprimé en Espagne par Unigraf SL
Dépôt légal : août 2021
328565/01 - 11047223 - juillet 2021

Pour les éditions Larousse, le principe est d'utiliser des papiers composés de fibres naturelles, renouvelables, recyclables et fabriquées à partir de bois issus de forêts qui adoptent un système d'aménagement durable. En outre, les éditions Larousse attendent de leurs fournisseurs de papier qu'ils s'inscrivent dans une démarche de certification environnementale reconnue.

PAPIER À BASE DE FIBRES CERTIFIÉES

LAROUSSE s'engage pour l'environnement en réduisant l'empreinte carbone de ses livres. Celle de cet exemplaire est de : 250 g éq. CO_2
Rendez-vous sur www.larousse-durable.fr